AF426345

Introduction: This poetry book is a collection of heartfelt expressions, woven with emotions, thoughts, and reflections on life, love, nature, and the human experience. Each poem is a window into a world of imagination and creativity, aiming to inspire and resonate with readers. It's a journey through the soul, where words paint vivid pictures and emotions speak louder than dialogues.

Purpose: The purpose of this book is to ignite the love for poetry and to encourage readers to delve deeper into their emotions and thoughts. Poetry has the power to connect, heal, and transform, and this book seeks to be a companion in those moments of introspection and joy.

Themes Explored:1. Love and Relationships2. Nature and Its Wonders3. Life's Struggles and Triumphs4. Self-discovery and Growth5. Dreams and Aspirations6. Cultural and Social Reflections

Author's Perspective: As the author of this collection, my aim has been to pen down words that echo the feelings of many. These poems are not just a reflection of my thoughts but also an invitation for readers to see the world through a different lens. Each poem carries a story, a message, or an emotion that I hope will touch your heart and spark your imagination.

Closing Thoughts: I hope this poetry book becomes a source of solace, inspiration, and joy. May the words resonate with you and create a lasting impact, reminding you of the beauty and depth of poetry.

है पार्थ

अनुशासन और निरंतरता के ब्रह्मास्त्र से इंद्रप्रस्थ जीता जाता है।

हर संघर्ष का समाधान है धैर्य का अमृत और कर्म का फल

- prince Saradava

अपने आप को जानो

खुद से मिलो, खुद को पहचानो,

अपने भीतर छुपा जहान जानो।

दुनिया की बातें बस शोर हैं,

तुम्हारे मन में छुपा जोर है।

हर कदम पर रुकना नहीं,

खुद को समझो, डरना नहीं।

हिम्मत का दीप जलाते चलो,

हर गम को गले लगाते चलो।

खुद पर भरोसा ही रास्ता है,

जीवन का असली वास्ता है।

सपनों की उड़ान

ख्वाब अगर दिल में हैं बसते,

तो रास्ते भी खुद ही सजते।

हवा से डरकर मत रुकना,

आंधियों में भी खुद को झुकना।

हर हार में छुपा है सबक,

जीवन में हर पल का लहक।

सपनों को हकीकत बनाओ,

दुनिया को फिर राह दिखाओ।

अपने पंखों पर ऐतबार करो,

आसमान से प्यार करो।

हर दर्द का इलाज

दर्द के सागर में डूबे मत रहो,

आस के किनारे तक चलो।

हर रात के बाद सवेरा है,

हर कांटे के बाद बसेरा है।

गिरकर उठना मत भूलो,

हौसले से जीवन को झूलो।

दर्द भी शिक्षक बन जाता है,

जो सिखाए वही सच्चा है।

आगे बढ़ो, हार से सीखो,

हर पल नया सफर देखो।

आशा की रोशनी

अंधेरों से घबराना नहीं,

हर गम को अपनाना सही।

दूर कहीं इक दीप जलेगा,

तुम्हें राह दिखाने चलेगा।

हौसला रखो, थको नहीं,

खुद को कभी खोने नहीं।

रास्ते जितने भी कठिन हो,

आशा से हर मुश्किल सुलझो।

जीवन की कश्ती संभालो,

हर पल को अपना बना लो।

खुद से दोस्ती

खुद के करीब आओ, समझो,

हर डर को भीतर से निकालो।

दूसरों में न खोजो सहारा,

खुद पर रखो भरोसा सारा।

मन के भीतर जगा विश्वास,

खुद से करो सच्चा अहसास।

अपना हाथ खुद थाम लो,

सपनों का जहां नाम लो।

खुद को अपना साथी बनाओ,

जीवन का हर पल सजाओ।

हिम्मत का मंत्र

गिरोगे, उठोगे, यह जीवन है,

हर कदम पर नया परिवर्तन है।

हिम्मत के बिन सब खो जाएगा,

विश्वास रखो, जीत आएगा।

सूरज की तरह चमकना सीखो,

हर अंधेरा खुद मिटाना सीखो।

हर ठोकर को तुम गले लगाओ,

अपने सपनों को पूरा बनाओ।

हिम्मत ही सच्चा साथी है,

यही जीवन की परिपाटी है।

जिंदगी का सबक

जिंदगी बस बहाव है,

हर कदम नया पड़ाव है।

रुकना कभी सिखाया नहीं,

डर से कभी घबराया नहीं।

हर मुश्किल का हल तुम हो,

हर संघर्ष का पल तुम हो।

खुद को पहचानना जरूरी है,

हार का मतलब बस दूरी है।

आगे बढ़ो, न सोचो ज्यादा,

सपनों का जीवन है साजना।

हर दिन नई शुरुआत

हर सुबह नया मौका है,

हर गम का हल सोखा है।

बीते कल को भूल जाओ,

आज को जीने की ठान लाओ।

हर दिन को खास बनाना है,

आलस को दूर हटाना है।

मंजिल खुद-ब-खुद मिल जाएगी,

जोश से राह खिल जाएगी।

हर सुबह खुद से कहो,

मैं सबसे अलग रहो।

समझदारी का जादू

हर सवाल का जवाब जरूरी नहीं,

हर गम का हिसाब जरूरी नहीं।

दुनिया को खुश करने से पहले,

खुद को समझो जीवन में खेल में।

मौन भी एक ताकत है,

खुद पर विश्वास की राहत है।

दुनिया चाहे जो भी कहे,

खुद के सच को तुम सहे।

समझदारी से जीवन को देखो,

हर खुशी को खुद में लेखो।

खुद की ताकत

तुम्हारे अंदर है शक्ति का सागर,

हर डर से लड़ने का साहस प्रखर।

हर मुश्किल का हल तुम्हारे पास है,

जीवन का हर पल तुम्हारे साथ है।

न रुको, न थमो, बस चलते रहो,

जीत के रास्ते खुद गढ़ते रहो।

खुद की नजरों में गिरना नहीं,

खुद पर भरोसा करना सही।

तुम ही अपने भाग्य के निर्माता हो,

हर मंजिल के एकमात्र ज्ञाता हो।

सफर की कहानी

रास्ते मुश्किल होंगे, यह मान लो,

हर कदम पर सीख, यह जान लो।

मंजिल तक पहुंचने का जुनून रखो,

हर ठोकर को अपनी पूंजी समझो।

खुद से लड़कर जीतना है,

सपनों को सच कर दिखाना है।

हार का डर बस छलावा है,

जीत का स्वाद ही सच्चा दावा है।

चलते रहो, मत रुकना कभी,

जीवन सफर है, थमना नहीं।

आत्मबल का दीपक

अंधेरों में भी जलाओ दीप,

हर डर को बनाओ अपना साथी।

मन में विश्वास का बीज भरो,

सपनों को अपने हाथों गढ़ो।

हर रात के बाद सवेरा होगा,

हर गम के बाद बसेरा होगा।

जो तुमसे कहे कि मुमकिन नहीं,

उसे खुद के हौसले से हराना सही।

आत्मबल से हर जंग जीत सकते हो,

अपनी तकदीर खुद लिख सकते हो।

खुद को बदलो

दुनिया को बदलने से पहले,

खुद को बदलो हर दिशा के मेले।

शिकायतें छोड़ो, समाधान बनो,

अपने सपनों का वरदान बनो।

गलतियों से सिखो, बढ़ते चलो,

हर चुनौती से लड़ते चलो।

खुद का सच्चा साथी बनो,

हर मुश्किल को आसानी समझो।

खुद पर यकीन करना सीखो,

जीवन को बेहतर बनाना सीखो।

खुद पर भरोसा

खुद को पहचानो, खुद पर भरोसा रखो,

हर कदम पर बस अपना रास्ता रखो।

दूसरों की बातें हवा हैं,

तुम्हारे इरादे ही दवा हैं।

जो चाहो, वो पाने की ताकत है,

तेरे अंदर ही जीवन की इबादत है।

हार और जीत का खेल चलता रहेगा,

बस खुद का दीप जलता रहेगा।

खुद से प्यार करना सिखो,

हर पल में जिंदा रहना सिखो।

सपनों की जमीन

ख्वाब को अपना जहां बनाओ,

उन्हें दिल से साकार बनाओ।

हर ठोकर को मौका समझो,

अपनी मंजिल का रास्ता रचो।

गिरने से मत डरो, उठो फिर से,

सपने सचं होते हैं धीरज से।

दुनिया के डर को पीछे छोड़ो,

खुद पर भरोसा सदा जोड़ो।

अपनी कहानी खुद लिखो,

हर मुश्किल को पीछे धकेल दो।

समय का खेल

हर समय की कीमत समझो,

पल-पल में अपनी ताकत रचो।

जो बीत गया, उसे भूल जाओ,

आने वाले कल को गले लगाओ।

हर घड़ी में छुपा है मौका,

हर कदम पर छुपा है सोखा।

भूत और भविष्य से डरो नहीं,

वर्तमान का मजा छोड़ो नहीं।

समय के साथ आगे बढ़ते चलो,

हर पल को अपना बनाते चलो।

हार से सीखो

हार को हार समझो नहीं,

यह सबक है, इससे डरना सही।

हर बार गिरकर उठ जाना है,

जीवन को ऐसे ही सजाना है।

हार तुम्हारे अनुभव को बढ़ाती है,

तुम्हें और भी मजबूत बनाती है।

डर से लड़ो, आगे बढ़ो,

हर हार को जीत का सबक मानो।

हार में छिपा है जीत का रास्ता,

बस इसे समझने का वास्ता।

खुद की पहचान

खुद की पहचान सबसे बड़ी है,

तुम्हारे अंदर ही हर खुशी छिपी है।

दुनिया चाहे जो भी कहे,

खुद को कमजोर कभी न समझे।

तुम्हारी मंजिल तुम्हारे कदम है,

बस खुद को मत खोने देना।

अपने हौसले को हमेशा बुलंद रखो,

हर मुश्किल को पीछे छोड़ो।

खुद की पहचान बनाओ ऐसी,

दुनिया तुम्हारे बिना अधूरी हो जैसे।

मुश्किलों का स्वागत

मुश्किलें तुम्हें रोकने नहीं आईं,

तुम्हें मजबूत बनाने आईं।

हर कांटे में छिपा है फूल,

हर ठोकर तुम्हें बनाएगी कूल।

मुश्किलों को गले लगाओ,

इनसे हर पल सीखते जाओ।

डर को हराकर आगे बढ़ो,

हर डर को अपनी ताकत समझो।

मुश्किलों में छिपा है रास्ता,

सच्ची जीत का यही वास्ता।

खुद पर गर्व करो

खुद की ताकत को पहचानो,

हर पल में नई उम्मीद लाओ।

खुद को कभी कमजोर मत मानो,

अपने सपनों का मुकाम जानो।

तुम्हारी ताकत तुम्हारे भीतर है,

हर मुश्किल का हल तुम्हारे भीतर है।

जो तुम सोचोगे, वो तुम बनोगे,

खुद पर भरोसा रखोगे तो जी लोगे।

खुद से प्यार करना सीखो,

हर पल में गर्व करना सीखो।

खुद को समझो

खुद को पहचानो, यह पहला कदम है,

हर रास्ता यहीं से शुरू होता है।

आंखों में सपना और दिल में विश्वास,

यही है सफलता का सच्चा आधार।

खुद पर भरोसा रखो हर पल,

जीवन का हर संघर्ष बनेगा सफल।

दुनिया चाहे कुछ भी कहे,

तुम्हारा रास्ता बस तुम्हें दिखे।

खुद के साथ हमेशा खड़े रहो,

हर मंजिल खुद तुम्हारे करीब रहे।

डर का सामना

डर को अपने मन से हटाओ,

हर मुश्किल को खुद से हराओ।

जो रुक गया, वो खो जाएगा,

जो बढ़ा, वही मंजिल पाएगा।

डर तुम्हें कमजोर बना सकता है,

हिम्मत तुम्हें अमर बना सकता है।

हर चुनौती को अवसर मानो,

खुद को नया जीवन जानो।

डर का सामना हंसकर करो,

हर दर्द को अपनी ताकत बनाओ।

जिंदगी की किताब

हर दिन एक नया पन्ना है,

हर पल एक अनमोल खजाना है।

जो बीत गया, उसे भूल जाओ,

जो आने वाला है, उसे अपनाओ।

अपनी कहानी खुद लिखो,

हर पल को अपना मानो।

हर अक्षर में छिपा है ज्ञान,

हर शब्द में है जीवन का मान।

खुद को लेखक बनाओ अपने सफर का,

हर अध्याय को बनाओ अमर का।

हिम्मत का रास्ता

हिम्मत वो दीवार है, जो गिरने नहीं देती,

हर चुनौती को पास आने नहीं देती।

अपने भीतर की आग को जलाए रखो,

हर मुश्किल में खुद को संभाले रखो।

हार तुम्हें रोक नहीं सकती,

बस तुम्हें नई राह दिखा सकती।

हर कदम पर खुद को मजबूत बनाओ,

सपनों को अपना सच बनाओ।

हिम्मत से हर डर हार जाएगा,

जीवन का हर सपना साकार हो जाएगा।

रौशनी का दीपक

अंधेरों में खुद को मत भूलो,

हर गम को अपने से दूर करो।

रौशनी का दीप खुद जलाओ,

हर बाधा को पीछे छोड़ जाओ।

मन में जगी रोशनी है जीत की आस,

हर मुश्किल में जिंदा है विश्वास।

आंधियों से डरो नहीं,

अपने दिल की सुनो सही।

रौशनी तुम्हारे भीतर छिपी है,

बस उसे जगाना तुम्हारी शक्ति है।

सपनों का पुल

सपनों का पुल बनाना सीखो,

हर दर्द को ताकत में बदलना सीखो।

गिरोगे, उठोगे, यह सफर है,

हर ठोकर तुम्हें बनाएगा बेहतर है।

खुद को कमजोर कभी न समझो,

हर मुश्किल से आगे बढ़ो।

सपनों का पुल हर दिन बनता है,

जो धैर्य रखे, वही सफल होता है।

अपने सपनों को मत छोड़ो कभी,

तुम्हारे हौसले ही तुम्हारा सबकुछ हैं।

मन की ताकत

मन ही सबकुछ है, इसे समझ लो,

हर असंभव को संभव मान लो।

जो सोचोगे, वही तुम बनोगे,

अपने विश्वास से हर जंग जीतोगे।

मन को नियंत्रित करना सीखो,

हर बाधा को सरल बनाना सीखो।

तुम्हारी ताकत तुम्हारी सोच है,

हर मुश्किल तुम्हारे लिए एक मौका है।

मन को स्थिर रखो हर पल,

जीवन बनेगा सुंदर और सफल।

आशा का गीत

आशा का गीत गुनगुनाओ,

हर गम को पीछे छोड़ आओ।

जीवन में हर दिन नया सवेरा है,

आशा से भरा हर एक बसेरा है।

डर को अपने दिल से निकालो,

खुद को हर मुश्किल से संभालो।

आशा ही तुम्हारी सच्ची मित्र है,

जो हर पल तुम्हारे साथ चलती है।

जीवन को हर दिन नया मानो,

आशा के दीप हर पल जलाओ।

जीवन का लक्ष्य

जीवन का लक्ष्य समझो,

हर पल में उसे तलाशो।

दिशा बदल सकती है राह की,

लेकिन सपना मत बदलो जीवन का।

हर कदम पर खुद को सच्चा रखो,

अपने सपनों को हमेशा बड़ा रखो।

जो ठहर गया, वो हार गया,

जो बढ़ता गया, वही पार गया।

अपने लक्ष्य पर नजर बनाए रखो,

हर पल जीत का जश्न मनाए रखो।

अपने अंदर का हीरो

तुम हीरो हो, यह जान लो,

अपने दिल में छिपा जहान लो।

दूसरों से प्रेरणा लो,

लेकिन खुद पर भरोसा रखो।

हर ठोकर तुम्हें मजबूत करेगी,

हर हार तुम्हें सीख देगी।

खुद को कमजोर कभी मत मानो,

अपने सपनों को ऊंचा स्थान दो।

तुम्हारे भीतर ही जीत छिपी है,

बस उसे बाहर लाना तुम्हारी जिम्मेदारी है।

मंज़िल की तलाश

मंज़िल की तलाश में हर मोड़ पर चलना है,

हर हार को जीत में बदलना है।

हौसले की ताकत साथ रखो,

रास्ते में जो मिले, उसे याद रखो।

मुश्किलें आएंगी, राह रोकेंगी,

लेकिन हिम्मत हो, तो हर दीवार गिरेंगी।

जीवन का ये सफर आसान नहीं,

सपनों को पाने का अरमान यहीं।

चलते रहो, रुको मत कभी,

क्योंकि ज़िंदगी की जीत है सभी।

सच्चाई का दर्पण

सच्चाई का दर्पण दिखाता है राह,

झूठ के सहारे नहीं मिलता अल्फ़ाज़।

जो सच को अपनाए, वही जीतता है,

हर दर्द को सहकर ही इंसान सीखता है।

धोखा, फरेब, और चालाकियां छोड़ दो,

अपने कर्मों में सच्चाई जोड़ दो।

जीवन का अर्थ समझो गहराई से,

खुद को बदलो सच्चाई के साये से।

जो पाता है सच्चाई की रौशनी,

वही समझता है ज़िंदगी की कहानी।

वक्त की कदर

वक्त की कदर करो, ये लौटता नहीं,

गुजरे पल को फिर से पकड़ा नहीं।

जो आज है, वो कल की बुनियाद है,

हर पल को जीना ही ज़िंदगी का स्वाद है।

गुज़रते वक्त को यूं बर्बाद न करो,

अपने सपनों को हकीकत में आबाद करो।

वक्त की चाल कभी थमती नहीं,

सूरज भी रोज़ रुकता नहीं।

जो वक्त के साथ चले, वही सफल है,

जो ठहरा, वही पीछे फिसल है।

हौसलों की उड़ान

हौसलों की उड़ान हो, आसमान बड़ा हो,

दिल में जुनून हो, ख्वाबों का भरोसा हो।

जो गिरने से डरे, वो उड़ नहीं सकता,

जो ठोकर से लड़े, वही जीत सकता।

हर मुश्किल एक नई राह दिखाती है,

हर ठोकर हमें और मज़बूत बनाती है।

हार से सीखो, उसे गले लगाओ,

अपने सपनों को पूरा करके दिखाओ।

हौसला, उम्मीद, और मेहनत का साथ रखो,

हर मोड़ पर जीत का जज़्बा रखो।

जीवन की सच्चाई

जीवन की सच्चाई को समझना जरूरी है,

हर खुशी के पीछे एक कहानी पूरी है।

खुद को खोजो, खुद को जानो,

हर पल में अपनी पहचान पहचानों।

खुशियां छोटे पलों में छुपी होती हैं,

बड़ी ख्वाहिशें बस भ्रमित करती हैं।

सादगी में जीवन का सार छुपा है,

जो इसे समझे, वही जीतता है।

खुद पर विश्वास रखो, यही है राह,

सच और मेहनत से बनाओ अपनी चाह।

मुस्कान का जादू

मुस्कान का जादू हर दर्द मिटा देता है,

खुश रहना ही हर ग़म भुला देता है।

जो मुस्कान से हर मुश्किल को जीते हैं,

वही जीवन के असली नायक होते हैं।

चोट खाकर भी जो हंसते हैं,

वो हर जंग में विजयी बनते हैं।

अपनी खुशियों को खुद के हाथों संजो,

हर पल को मुस्कान के साथ बुनो।

जीवन में मुस्कान का साथ न छोड़ो,

हर दर्द को दिल से खुद दूर करो।

सपनों की तलाश

सपनों के पीछे भागना छोड़ो नहीं,

हिम्मत रखो, रुको कभी थको नहीं।

जो सपने देखे, उन्हें साकार करो,

अपने दिल की आवाज़ पर ऐतबार करो।

हर अंधेरा एक सुबह लाता है,

हर गिरना एक सबक सिखाता है।

जो सपने अधूरे लगते हैं अभी,

उन्हें मेहनत से पूरा करो सभी।

जो खुद पर यकीन करता है,

वो ही सपनों को जीतता है।

रिश्तों का महत्व

रिश्तों का महत्व जीवन का आधार है,

बिन रिश्तों के सब कुछ बेकार है।

जो अपनों को साथ लेकर चलता है,

वही जीवन के हर गम को सहता है।

पैसे और दौलत से जीवन नहीं चलता,

मोहब्बत और अपनापन ही काम आता।

हर रिश्ते को समझदारी से निभाओ,

अपने अपनों को खुशी से सजाओ।

ज़िंदगी रिश्तों का खेल है प्यारा,

इसे अपनाओ, ये है सबसे न्यारा।

संघर्ष की ताकत

संघर्ष की ताकत को पहचानो,

अपनी जीत की कहानी को लिखो।

जो डगमगाए, उसे गिरने न दो,

अपने सपनों को मिटने न दो।

हर मुश्किल के पीछे जीत छिपी है,

हर हार में सीख की लकीर खींची है।

संघर्ष से न डरना, ये साथी है,

हर जीत के पीछे इसकी गवाही है।

संघर्ष और मेहनत से दोस्ती करो,

हर मोड़ पर खुद को और मजबूत करो।

नज़रिया बदलने का जादू

ज़माना वही, लेकिन नज़रिया बदला,

अंधेरों में भी मैंने उजाला पकड़ा।

जहां कांटे थे, फूल खिले नज़र आए,

हर मुश्किल के पीछे रास्ते बनाए।

खुद से ही हर सवाल पूछा मैंने,

जीवन को एक नई दिशा दी मैंने।

दुखों के दरिया में भी मोती चुने,

हर दर्द को मैंने प्यार से बुने।

नज़रिया बदलो, तो जहां बदल जाएगा,

तुम्हारा सपना भी सच बन जाएगा।

हर चीज़ में एक सीख

पत्थरों में भगवान तलाशा,

दुनिया के हर रंग को अपने में समेटा।

गिरना सिखाया तो उड़ना भी दिया,

हर क़दम पर मुझे कुछ नया सिखाया।

पेड़ों की शाखों से मजबूती सीखी,

बारिश की बूंदों में जिंदगी देखी।

गहरी खामोशी में बातें सुनी,

हर अनुभव से अपनी राह बुनी।

नज़र अगर सीखने की हो जाए,

तो जिंदगी बस जन्नत बन जाए।

नज़र से नज़ारा

जैसे एक ही गिलास में पानी भरा,

कोई देखे खाली, कोई भरे की तरह।

चाँद में कोई दाग देखता है,

तो कोई उसकी रोशनी से जगता है।

हर चेहरे में दर्द भी छुपा है,

हर दिल में प्यार भी बसा है।

तुम जो देखोगे, वही पाओगे,

अपनी सोच से नया जहान बनाओगे।

नज़र वही, पर देखने का अंदाज़ बदलो,

हर सच्चाई को दिल से पकड़ो।

सकारात्मकता का चश्मा

धूप में जलता कोई देखे,

तो छांव के लिए कोई पेड़ बोये।

मुश्किलें आएं तो घबराएं न हम,

हर समस्या के हल को पाएं हम।

नकारात्मकता में भी आशा ढूंढें,

हर अधूरे सपने को पूरा करें।

अंधेरा हमेशा सुबह का साथी है,

हर हार के बाद जीत बाकी है।

चश्मा सकारात्मकता का पहन लो,

हर दर्द को खुशी में बदल लो।

खुद से खुद का रिश्ता

आईना देखो, तो खुद को देखो,

अपनी कमियों में अच्छाई सीखो।

दूसरों में दोष ढूंढने से बेहतर है,

खुद को पहचानने का हुनर बेहतर है।

नज़र अगर खुद पर साफ हो जाए,

हर गलती को सुधारने की बात हो जाए।

दुनिया में बदलाव लाने से पहले,

खुद को बदलने की बात कर लो।

खुद से दोस्ती का रिश्ता निभाओ,

फिर हर मुश्किल को जीत जाओ।

नए रंगों की तलाश

सफेद दीवार पर कोई रंग चढ़ा दो,

अपनी कल्पनाओं से नया जहान सजा दो।

दुख में छुपा है सुख का रास्ता,

हर रात के बाद आता है नया सवेरा।

नज़र वो हो जो उजाला देखे,

अंधेरों में भी खुशबू महसूस करे।

हर रंग में अपनी कहानी छुपी है,

हर दर्द में एक राहत बसी है।

बस नज़र को नया आयाम दो,

हर पल को अपनी पहचान दो।

सपनों की उड़ान

आसमान वही, पर उड़ान अलग-अलग,

हर परिंदा अपने सपने के रंग अलग।

कोई डरता है गिरने से,

तो कोई हर बार उठता है गिरने से।

सपने वो देखता है जो जागता है,

हर मुश्किल में भी जो मुस्कुराता है।

नज़रिया तुम्हारा तुम्हारा साथ देगा,

हर असंभव को संभव बना देगा।

अपने सपनों को नज़रों में रखो,

हर हकीकत को अपनी राह बनाओ।

दुनिया की किताब

हर पन्ने पर एक कहानी छुपी है,

दुनिया की किताब में जिंदगी जुड़ी है।

कोई देखता है सिर्फ अक्षर,

तो कोई समझता है गहराई के सफर।

हर चीज़ को अलग-अलग तरीके से पढ़ो,

हर अनुभव को दिल से समझो।

नज़र वही, पर सोच नई लाओ,

हर पन्ने में खुद को ढूंढ पाओ।

जिंदगी की किताब पढ़ने का हुनर,

तुम्हें बना देगा असली रहबर।

सुख-दुख का खेल

सुख और दुख तो सिक्के के दो पहलू,

जो इन्हें समझे, वही पाए सही रास्ता।

दुख में छुपा है सुख का इशारा,

हर अंधेरी रात का है उजाला।

हर आंसू में एक ताकत होती है,

हर दर्द से एक सीख मिलती है।

नज़र अगर गहराई से देखे,

तो हर मुश्किल में रास्ता निकले।

सुख-दुख को समान समझ लो,

जिंदगी को बेखौफ जीने का हौसला रखो।

सोच की शक्ति

सोच को अपनी परवाज़ दो,

हर मुश्किल को आसान बनाओ।

दुनिया वैसी है, जैसा तुम देखो,

हर गम में खुशी का पल ढूंढो।

समस्या के समाधान पर ध्यान लगाओ,

हर डर को अपनी ताकत बनाओ।

नजरिया बदलो, तो जहां बदल जाएगा,

हर सपना तुम्हारा सच हो जाएगा।

सोच का खेल जिंदगी का सार है,

जो इसे समझे, वही असली कलाकार है।

"कविताएँ जो आपको प्रेरणा देंगी, आपके दिल को छू लेंगी और जीवन को नई रोशनी से भर देंगी।"

इस कविता संग्रह में आपके जीवन के हर पहलू को समेटने वाली कविताएँ शामिल हैं। ये कविताएँ प्रेम, खुशी, दर्द, संघर्ष, और आशा जैसी भावनाओं को जीवंत करती हैं। सरल शब्दों और गहरी भावनाओं के माध्यम से ये कविताएँ आपकी आत्मा से संवाद करेंगी और आपके विचारों को नई दिशा देंगी।

इस संग्रह में न केवल शब्दों का जादू है, बल्कि यह आपको उन भावनाओं और

अनुभवों से जोड़ता है जो हर इंसान के दिल के करीब होते हैं। प्रेम, प्रकृति, समाज, और स्वप्नों पर लिखी गई ये कविताएँ आपको एक अलग ही दुनिया में ले जाएँगी।

लेखक परिचय: प्रिन्स सरडवा, एक संवेदनशील कवि, जिनकी कविताएँ पाठकों के दिलों को छूने के लिए जानी जाती हैं। प्रिन्स सरडवा ने विभिन्न मंचों और पत्रिकाओं में अपने लेखन से ख्याति अर्जित की है। उनका यह संग्रह उनकी गहरी सोच और सहज अभिव्यक्ति का प्रमाण है।

www.ingramcontent.com/pod-product-compliance
Lightning Source LLC
Chambersburg PA
CBHW041648150726
48005CB00015BB/2526